NOTE

A CONSULTER,

pour la révision

DES LISTES ÉLECTORALES.

(21 JUILLET 1842.)

ANGERS, IMP. DE PIGNÉ-CHATEAU.

NOTE A CONSULTER,

Pour la révision

DES LISTES ÉLECTORALES.

La situation électorale des royalistes peut être amé-liorée dans chaque département;

1° Soit en faisant inscrire sur les listes tous les hommes de leur opinion, qui ont le droit d'y figurer, ou peuvent acquérir ce droit à l'aide d'un des moyens autorisés par la loi; soit en faisant retrancher de ces mêmes listes ceux de leurs adversaires qui s'y trouvent portés indûment;

2° En faisant opérer d'un arrondissement électoral dans un autre des mutations de domicile politique.

De l'inscription de nouveaux électeurs, et de la radiation de faux électeurs.

Tout électeur inscrit sur les listes d'un arrondissement électoral peut requérir l'inscription de quiconque réunit les conditions voulues par la loi, comme aussi la radiation de ceux indûment inscrits.

Pour faire ces réclamations avec fruit, il est nécessaire d'être bien fixé sur les conditions qui donnent le

1842

droit électoral et sur les formalités à remplir pour faire reconnaître ce droit.

—

Des conditions requises pour être électeur.

La loi du 19 avril 1831 spécifie les diverses conditions d'âge, de cens, d'origine, de domicile, etc., qui constituent le droit électoral.

Ont droit à se faire inscrire sur les listes électorales, tous les citoyens qui, au 20 octobre de l'année courante, auront atteint l'âge de vingt-cinq ans, auront six mois de domicile politique, et qui paient 200 fr. de contributions directes, propres ou déléguées.(Art. 1er et 19.)

Sont encore électeurs de droit ceux qui, au 20 octobre de l'année courante, auront vingt-cinq ans d'âge, trois ans de domicile réel, et qui paient 100 fr. de contributions directes, s'ils jouissent, comme officiers de terre ou de mer, d'une retraite de 1,200 fr. au moins, ou s'ils sont membres et correspondants de l'Institut. Les officiers en retraite pourront compter, pour compléter les 1,200 fr. ci-dessus, le traitement qu'ils toucheraient comme membres de la Légion-d'Honneur. (Art. 3 et 19.)

Les contributions directes qui confèrent le droit électoral, sont la contribution foncière, les contributions personnelle et mobilière, celles des portes et fenêtres, les redevances fixes et proportionnelles des mines, l'impôt des patentes ; et les suppléments d'impôts de toute nature, connus sous le nom de centimes additionnels. (Art. 4.)

Les prestations en nature pour entretien et réparation des chemins vicinaux, doivent être considérées comme contributions directes; la cour de cassation l'a ainsi décidé contre l'avis du ministre de l'intérieur.

L'impôt foncier profite à l'usufruitier et non au nu-propriétaire; — à l'acquéreur à réméré; — au propriétaire de l'immeuble grévé de rentes foncières; — à l'emphytéote. — La contribution foncière ne peut profiter au vendeur qui se réserve la jouissance de l'objet vendu et se charge de payer l'impôt.

Tout fermier, en vertu d'un bail authentique d'une durée de neuf ans au moins, qui exploite, *par lui-même*, une propriété rurale, peut se prévaloir du tiers des contributions imposées sur ladite propriété, sans que ce tiers soit retranché au cens électoral du propriétaire. (Art. 9.)

L'impôt des *portes et fenêtres* compte pour la formation du cens aux locataires ou fermiers, quand même le propriétaire serait chargé de l'acquitter lui-même; mais pour être admis à jouir de ce bénéfice, les locataires et fermiers doivent être nantis d'un bail écrit ou ayant reçu un commencement d'exécution. (Art. 6.)

La contribution des *portes et fenêtres* et la contribution *mobilière* ne doivent être comptées pour la formation du cens au propriétaire d'une maison que dans la proportion de la partie qu'il habite, plus la porte d'entrée. (Cass., 30 sept. 1831.)

Si une maison entière est louée à un principal locataire ou à un locataire unique, celui-ci doit profiter de l'impôt de toutes les portes et fenêtres, même de celles qui sont d'un usage commun.

Lorsqu'il y a *sous-location*, c'est au *sous-locataire* que doit être attribué l'impôt des portes et fenêtres, quand même cet impôt serait resté sous le nom du précédent locataire.

La propriété foncière doit être possédée ou la location faite antérieurement aux premières opérations de la révision annuelle des listes électorales. Cette disposition n'est point applicable au possesseur à *titre-successif*, par avancement d'*hoirie* ou par l'effet du mariage. (Art. 7.)

Par avancement d'hoirie, on entend un partage anticipé ou une donation entre-vifs faite par un ascendant à ses héritiers présomptifs.

La patente ne fait partie du cens qu'autant qu'elle a été prise et que l'industrie a été exercée un an avant le 20 octobre de l'année où le bénéfice en est réclamé. (Art. 7 et 19.)

Les contributions directes, payées par une veuve ou par une femme séparée de corps ou divorcée, sont comptées à celui de ses fils, petits-fils, gendres ou petits-gendres qu'elle désigne. (Art. 8.)

La loi ne spécifiant pas la forme de cette désignation, il s'ensuit qu'elle peut être faite sous seing-privé, pourvu que la signature soit légalisée.

Le même individu peut *cumuler les délégations* de

plusieurs personnes, pourvu que chacune d'elles ait capacité et qualité pour opérer cette délégation.

Le père ne peut faire de délégation à son fils, le beau-père à son gendre, ni la brû à son beau-père.

Le père de famille qui paie 400 fr. de contributions, peut, à titre d'avancement d'hoirie, donner à son fils telle portion de ses biens, qui soit imposée à une somme de 200 fr.; ce fils peut alors devenir électeur.

La loi compte au père les contributions du bien de ses enfans mineurs dont il a la jouissance, et au mari celles de sa femme, même non commune en bien, pourvu qu'il n'y ait pas séparation de corps. (Art. 6.)

Les contributions foncières, des portes et fenêtres et des patentes, payées par une maison de commerce, composée de plusieurs associés, sont, pour le cens électoral, partagées par égales portions entre les associés, sans autre justification qu'un certificat du président du tribunal de commerce énonçant les noms des associés.

Dans le cas où l'un des associés prétendrait à une part plus élevée, soit parce qu'il serait seul propriétaire des immeubles, soit à tout autre titre, il sera admis à en justifier devant le préfet, en produisant ses titres. (Art. 6.)

La patente est comptée à tout médecin ou chirurgien employé dans un hôpital ou attaché à un établissement de charité, et exerçant gratuitement ses fonctions, bien que, par suite de ces mêmes fonctions, il soit dispensé de la payer. (Art. 4.)

Les chefs d'institution et maîtres de pension, posses-seurs de leurs diplômes depuis plus d'un an, à dater de la clôture de la liste électorale , peuvent comprendre dans leurs contributions le montant du droit annuel du diplôme, établi par l'art. 29 du décret du 17 septembre 1808. (Art. 5.)

Les propriétaires des immeubles temporairement exemptés d'impôts pourront les faire expertiser contradictoirement à leurs frais, pour en constater la valeur, de manière à établir l'impôt qu'ils paieraient, impôt qui alors leur sera compté pour les faire jouir des droits électoraux. (Art. 4.)

L'énumération ci-dessus n'est pas limitative : plusieurs cours royales ont jugé qu'on doit encore comprendre parmi les contributions directes les cinq centimes pour frais d'avertissement ; — les cotisations payées pour le salaire du garde champêtre; — les sommes prélevées sur les négociants d'une ville pour subvenir aux dépenses de bourses et chambres du commerce.

Si, à raison de pertes éprouvées, un contribuable obtient une remise ou modération sur sa contribution foncière ou sur sa patente , on doit lui compter la totalité de la cote pour laquelle il est inscrit au rôle.

—

Des formalités à remplir et des pièces à produire pour la validité des réclamations.

A compter du 15 août, jour de la publication des listes, il est ouvert au secrétariat-général de la préfecture, un registre sur lequel doivent être inscrites, à la date de leur présentation et suivant un ordre de numéros, toutes les réclamations concernant la teneur des listes. Ces réclamations doivent être signées par le réclamant ou par son fondé de pouvoir. Le préfet doit donner un récipissé énonciatif de la date et du numéro de l'enregistrement de chaque réclamation et des pièces à l'appui. (Art. 23.)

Tout individu inscrit sur les listes des électeurs ou des *jurés* d'un arrondissement électoral, a qualité pour faire ces réclamations; il a jusqu'au 30 SEPTEMBRE INCLUSIVEMENT le droit de demander la rectification de toutes les erreurs qui lui paraissent exister sur les listes; il peut se présenter au nom d'un autre pour demander son inscription, ou contre un autre pour demander sa radiation; mais dans ce dernier cas, il doit joindre à sa demande la preuve qu'elle a été par lui notifiée par *huissier à la partie intéressée*. (Art. 24, 25 et 26.)

Il n'a pas besoin d'être muni d'une procuration pour réclamer l'inscription d'un tiers; il suffit qu'il soit porteur des pièces de celui qu'il veut faire inscrire.

Ces pièces sont : 1° l'acte de naissance ; 2° un extrait du rôle des contributions de l'année courante délivré par le percepteur et certifié par le maire qui atteste que la propriété est possédée ou la location faite depuis une époque antérieure au premier juin ; ou que la patente a été prise et l'industrie exercée, ou que le domicile a été acquis depuis telle date.

S'il s'agit de faire inscrire un fermier, on doit produire, outre l'acte de naissance, des extraits de rôle certifiés par le maire, établissant l'exploitation per-sonnelle et l'existence du bail ;

S'il s'agit d'un titre successif, ou d'un avancement d'hoirie, la production du titre seul suffit ;

En cas de délégation des contributions, il faut en produire l'acte ;

S'il s'agit de demandes formées par des locataires, un certificat légalisé du propriétaire, indiquant la partie payée par *tel locataire*, ou un procès-verbal de recensement par le contrôleur des contributions directes ;

S'il s'agit de demandes d'officiers en retraite, une copie du brevet de leur pension, et un certificat du maire constatant le domicile réel depuis trois ans.

S'il s'agit de propriétés exemptées d'impôt et qui aient été expertisées conformément à l'art. 4, il faut justifier d'un certificat du directeur des contributions, résultant du procès-verbal d'expertise.

Il peut y avoir quelques cas exceptionnels où les réclamants aient à produire d'autres pièces que cel-les ci-dessus énoncées ; c'est à l'administration à en de-mander la production. L'essentiel pour le réclamant est de se mettre en mesure d'être inscrit, en présentant en temps utile une demande d'inscription qui empêche ses droits de se prescrire par le délai fatal du 30 sep-tembre : sauf à lui à réunir et à produire, quand on les lui demandera, les pièces nécessaires.

Des extraits de rôles délivrés par les percepteurs ; — des notifications des arrêtés pris par les préfets.

Les percepteurs sont tenus, moyennant une retribution de 25 centimes par extrait de rôle pour un même contribuable, de délivrer à toute personne portée au rôle, l'extrait relatif à *ses contributions* et même à CELLES d'un TIERS, ou un certificat négatif, dans le cas où il s'agirait d'établir qu'un individu a été induement porté sur les listes. (Art. 26 de la loi du 2 juillet 1828, et art. 36 de la loi du 19 avril 1831.)

Le préfet, en conseil de préfecture, doit statuer par arrêtés motivés sur chaque réclamation, dans les cinq jours qui suivent sa réception, lorsqu'elle est faite par la partie elle-même ou par son fondé de pouvoir ; et, dans les cinq jours qui suivent l'expiration du délai fixé par l'art. 13 de la loi du 2 juillet 1828, quand la demande est formée par un tiers. (Ce délai est celui de dix jours après la notification faite à l'intéressé par le tiers réclamant.)

La communication, sans déplacement, des pièces respectivement produites sur les contestations, doit être donnée à toute partie intéressée qui la requiert. (Art. 27.)

Les décisions portant radiation ou refus d'inscription doivent être notifiées dans les cinq jours de leur date, aux individus dont la radiation ou l'inscription a été demandée.

Les décisions, rejetant la demande en radiation ou

en rectification, doivent être notifiées dans le même délai, tant au réclamant qu'à l'individu dont l'inscription a été contestée. (Art. 29.)

Les listes sont closes le 16 octobre ; passé cette époque, il n'est plus permis au préfet de faire ni inscription, ni radiation. Le dernier tableau de rectification et l'arrêté de clôture des listes sont publiés et affichés le 20 du même mois. (Art. 31.)

———

Des changements de domicile politique.

L'article 10 de la loi électorale, qui sépare le domicile politique du domicile réel, autorise un des moyens les plus puissants d'améliorer les listes de certains arrondissements électoraux. Une simple déclaration d'élection de domicile politique, faite au greffe du tribunal de première instance de l'arrondissement que l'on quitte et de celui dans lequel on veut voter, opère le changement légal.

Le délai de rigueur de cette déclaration est fixé au 20 avril de chaque année.

Il importe de rappeler aux électeurs, qui seraient retenus par la crainte de s'obliger, par une translation de domicile, à se rendre à des assises éloignées, qu'il leur est loisible de rester sur la liste du jury de leur domicile réel, bien qu'ils changent de domicile politique.

On ne peut transporter son domicile politique que dans un arrondissement dans lequel on paie une contribution quelconque. Si donc l'électeur, qui veut changer de domicile politique, ne paie pas de contribution directe dans l'arrondissement où il désire se faire inscrire, l'acquisition d'une parcelle de terrain donnant lieu à une *contribution quelconque,* suffira pour lui conférer le droit d'être porté sur la liste de ce collége. Seulement, l'acquisition devra être faite avant le 20 avril *. La loi ne détermine aucun chiffre : CINQ CENTIMES de contribution suffisent donc pour établir le droit. Il est important de remarquer que plusieurs électeurs peuvent se réunir dans la même acquisition, et partager proportionnellement la contribution à titre de co-propriétaires d'un bien indivis. La cour de cassation l'a ainsi jugé.

—

Du travail à faire par les comités pour découvrir les erreurs et les fraudes commises sur les listes.

Pour découvrir les erreurs ou les fraudes, il convient de comparer les nouvelles listes avec les anciennes, et d'entrer dans l'examen de chaque inscription. Mais ce n'est pas encore assez, il faut aussi vérifier les inscriptions antérieures et en provoquer au besoin la justification. Le cens d'un électeur inscrit peut tomber au dessous de 200 fr., par suite d'une réduction ou d'une nouvelle répartition d'impôt ; par suite d'une vente partielle de la propriété, ou d'un échange de terre ; par suite enfin de donation, par contrats de mariages, faits par un père à ses enfants. Le dernier cas doit se rencontrer souvent, parmi les électeurs

* Nous disons *avant le 20 avril ;* parce que c'est *sur cet immeuble que doit reposer la translation du domicile politique,* et que le 20 AVRIL *est le terme de rigueur* pour opérer le changement de domicile politique.

ruraux qui ne paient qu'une cote de 200 et quelques francs.

Tout ce qui touche cette limite doit être soigneusement examiné, et il est nécessaire d'user largement à cet égard du droit d'intervention accordé aux tiers.

Observations.

On sait que la loi du 2 juillet 1828 (titre III) ouvre à toute partie qui se croit fondée à contester une décision rendue par le préfet, en conseil de préfecture, un recours devant la cour royale du ressort. Nous n'entrerons dans aucun développement sur les prescriptions de la loi en ce qui concerne la forme et les dispositions de ces pourvois, l'intervention des hommes de loi devenant ici nécessaire. Nous rappellerons seulement qu'en cas de pourvoi l'exploit introductif d'instance doit, *sous peine de nullité,* être notifié, *dans les dix jours,* tant au préfet qu'aux parties intéressées.

Lorsqu'un comité électoral vient à reconnaître qu'un ou plusieurs citoyens, ayant les conditions exigées pour l'électorat, ne sont pas portés sur les listes, il doit autoriser l'un de ses membres à leur offrir de remplir en leur nom les formalités requises.- L'ignorance des prescriptions légales chez les uns, la négligence chez quelques autres, ont privé, jusqu'à ce jour, les royalistes, dans les départements non organisés, du concours d'un grand nombre de leurs amis.

Modèle de procuration sur papier libre , que peuvent adresser à un tiers les personnes qui sont dans l'impossibilité de remplir elles-mêmes les formalités indiquées.

Je soussigné (*noms , prénoms , demeure*) donne pouvoir à . . . . . de déclarer au greffe du tribunal de . . . . en conformité de la loi du 19 avril 1831, que j'entends fixer mon domicile politique dans la commune de . . . . Signer en conséquence de ladite procuration et en requérir l'application.

A . . . . . .

(Dater, signer et faire légaliser par le maire.)

www.ingramcontent.com/pod-product-compliance
Lightning Source LLC
Chambersburg PA
CBHW050747070726
47597CB00009B/4112